Mi Despertar con el Tambor

Historias de Ser Libres

Fernando Gomez Germano

Mi Despertar con el Tambor: Historias de Ser Libres

Copyright © 2023

Fernando Gómez Germano - https://fernandogomez.uy/

DEDICATORIA

Agradezco al Tambor, con el que he podido recorrer un largo y maravilloso camino de vida, lleno de aprendizajes y hacer mi contribución a este mundo.

Dedico este libro a mi hija Juanita en sus 8 años de vida. Gracias por todo tu amor, tu maestría y por elegirme. Algún día leerás este libro.

Dedico este libro a Lucía, bella y verdadera guerrera que apareció en mi vida, gracias por este tiempo tan hermoso, de pura magia, amor y muchas risas.

Por último, dedico este libro a mis dos lugares fundamentales en el mundo y a los que he elegido para amar profundamente, Uruguay y Canadá.

Fernando Gómez Germano

Nace en Montevideo, URUGUAY, en 1968.

Músico, docente y coach de amplia trayectoria.

Por más de 25 años ha sido el director de una prestigiosa escuela de percusión y música en Montevideo, Uruguay.

Desde 2006 es un referente en el coaching para destacadas organizaciones nacionales e internacionales.

Fundador del evento "Tambor Ancestral y Equipos", una dinámica diferente de hacer coaching, comunicación, liderazgo y trabajo en equipo.

Fundador del programa "Tambor Sanador"para el trabajo en hogares juveniles con problemáticas de consumo y carcelarios.

Más información sobre el autor https://fernandogomez.uy/

Enlaces de contacto con Fernando Gómez Germano

Email

fernandogomezgermano@gmail.com

Facebook

https://www.facebook.com/profile.php?id=615500982851
80

Tamborilearte

https://tamborilearte.com.uy/

https://www.facebook.com/Tamborilearte/?locale=es_LA

https://www.instagram.com/tamborilearte/?hl=es-la

Sobre este libro

El despertar no siempre sucede en situaciones especiales llamadas místicas, o por ir a lugares maravillosos alejados de todo, para finalmente poder conectar con nosotros mismos. Meditar en un templo budista en el Himalaya, o tener una semana de retiro y de limpieza espiritual con shamanes en la selva del Perú, no te asegura hallar ahí la llave de entrada a tu ser libre y auténtico, y lograr vivir mejor.

El despertar es algo que se manifiesta en cualquier circunstancia, generalmente luego de atravesar algún período de dolor, angustia y sufrimiento; pero también a través del paradigma del saber consciente y el amor incondicional hacia uno mismo.

Sucede en el momento justo, siempre que estemos atentos, alertas y despiertos. No distingue edad, ni raza, ni área de nuestra vida, ni lugar donde nos encontremos, en que ella pueda manifestarse y sorprendernos.

Todos somos parte de una misma fuente de creación. Aquí y ahora, de una forma o de otra, vamos camino a ese encuentro inevitable.

A través de la música, el arte y en un maestro llamado Tambor, algunos supimos hallar esa llave mágica para nuestro camino de despertar y de ser libres.

En cierta etapa de tu vida y luego de un largo e intenso recorrido, te haces muchas preguntas:

¿Qué hice? ¿Cómo estoy viviendo ? ¿Soy feliz? ¿A dónde va mi energía vital? ¿Qué estoy haciendo con mi tiempo? ¿Cuáles son mis anhelos y sueños?

"La vida no vivida es una enfermedad de la que se puede morir", diría Carl Jung.

Es un hecho, si cada día que amanece te encuentras sin motivación ni alegría de vivir, empiezas a morir.

¿Qué es despertar a la vida?

El despertar es un click para comenzar a vivir, es como un cosquilleo, una inyección de vitalidad que tú mismo te das, y lo más importante, proviene de adentro tuyo y no de afuera.

Empiezas a escuchar tu tambor interior, reconoces tu pulso, te conectas con tu esencia y tu corazón comanda tu vida. Tienes en ti la certeza que no hay error y que algo comienza a jugar a tu favor. Ante tus ojos comienzan a desplegarse nuevas direcciones y en ellas ves oportunidades maravillosas.

El despertar te trae al presente, y aparece aquella lista de sueños que una vez escribiste. Es una lista hecha por tu alma y que a veces no te animabas a ver.

Valoras y redimensionas tu tiempo, sabes que es finito. Tu vivir se hace cada vez más intenso, y ya no quieres dejar nada pendiente antes de tu partida.

Finalmente, se trata de entender que la sabiduría no es cosa que ingrese en el hombre o la mujer por meros estudios que se tengan, sino que es algo alcanzable para cada individuo capaz de conocerse a sí mismo, y eso es lo máximo a lo que cualquier persona puede aspirar en la vida.

Este libro es para acercarte un poco de leña a tu fuego, sea para que quemes lo que no sirve, o para templar tu vida, cual si un tambor fueras, y suenes cada vez más claro y maravilloso, en tu camino de ser libre.

Ojalá que cada mensaje y relato de este libro, simple pero profundamente visceral, resuene de alguna manera en tu persona, pero más aún, en tu ser infinito.

Fernando Gómez Germano

Mi Despertar con el Tambor: Historias de Ser Libres

Mi Despertar con el Tambor

Historias de Ser Libres

Fernando Gomez Germano

14

Mi Despertar con el Tambor: Historias de Ser Libres

Capítulo 1

Mi tiempo se acaba

Yo soy José, un negro viejo y canoso, pasados ya los 65.

En estos momentos recibo la noticia de que me queda poco tiempo de vida y no se que pensar, ni hacer, no puedo creerlo, estoy paralizado.

Solo siento un gran silencio. Podría describirlo como un sonido extraño, como si te sumergen dentro del agua.

Al salir de ella, una avalancha enorme de preguntas me invaden una tras otra y me asfixian.

¿Por qué? ¿para qué? ¿Qué hice mal? ¿ Me queda algo por hacer? ¿Cuándo me pasó esto?

16

Me lleno de tristeza y en la no aceptación. Mi cuerpo se aleja y no me responde. Nuevamente ese silencio y de pronto, algo se desconecta en mi, una paz como nunca había sentido antes, aparece. Aunque aún no tengo las respuestas a ninguna de esas preguntas, sé que mi paz viene de una certeza, algo así como doloroso e inspirador a la vez. Una voz dulce y calma me susurra un mensaje y creo que estoy a punto de descifrarlo.

Soy jardinero, y he pasado muchos años de mi vida dedicando amor con mis manos, cuidando flores, árboles y plantas, podando, limpiando todo y hasta el mínimo detalle para que no dejen de crecer, para que germinen y se renueven cada año.

He sido testigo de todo ese poder que existe, siempre una fuerza de vida inconmensurable sale de ellas y se manifiesta.

En este momento límite, veo claramente que eso fue lo que

no hice, me faltó podarme a mí mismo, tenía que haberlo

hecho cada tanto, como si de estaciones de mi alma se

tratase. Dejé brotar y crecer en mí toda esa maleza que ahora

invade mi propio jardín y mi cuerpo. Sacar, limpiar toda la

hierba mala y muerta alrededor mío, aquello que no me

dejaba florecer y expandirme.

Yo seguía ahí como hace todo el mundo, preocupado por

sobrevivir, en la rutina, y lo dejé pasar. Darme cuenta ahora

que todo era tan simple, es un dolor extraño e inspirador.

Era agarrar el timón de mi vida y cambiar, mutar, hacer algo

aunque sea, no reprimir mas, abonar mis sueños como a la

tierra, e ir por ellos sin miedo.

Esas flores y plantas me lo mostraban todos los días, una y otra vez, y yo no lo veía. Ser como retoño y flor nueva de primavera luego de un duro invierno.

Ahora el tiempo corre para mi muy rápidamente.

Dicen por ahí que somos seres divinos y que somos superiores al tiempo. Que así somos, seres maravillosos que brillamos cuando vamos atrás de nuestros anhelos y renacemos en cada uno de ellos.

Que cuando ya no tienes sueños ni motivación que perseguir, empiezas a enfermar y a morir.

Yo puedo amar todo ahora, casi incondicionalmente, cada cosa, cada instante, la vida, mi vida, agradecer cada minuto de presencia, burlando la cantidad de horas que se me agotan.

Mi sueño más preciado desde chiquito era poder tocar el tambor.

Todos en mi familia me decían que no, que eso no me iba a llevar a ningún lado, que los tambores son cosas de negros que no quieren prosperar, mandamiento al que creí e historia que me conté y repetí.

¿Cómo te explico lo que yo sentía cuando pasaban los tambores frente a mi?, desfilaban por la puerta de mi casa, en la calle Isla de Flores.

Las ventanas y postigos vibraban como truenos con el retumbar de los tambores y yo lloraba de emoción. Una presión se me clavaba en mi pecho, mi corazón latía cada vez más fuerte y mis pies se afirmaban en el suelo.

Luego como siempre sucedía, aparecía mi viejo conflicto y

volvía a la misma frustración.

Algún día voy a tocar mi tambor como ellos!! gritaba.

Pensaba si abría alguien que enseñara a un negro viejo,

canoso y ya en sus 65 como yo.

Va a aparecer!! me decía sin perder mis esperanzas. Es tan

fuerte y claro mi deseo, que así será.

Dicen que cuando el alumno está pronto, el maestro

aparece.

Y el maestro finalmente apareció...

Solo tuve 4 meses para aprender y pude irme cumpliendo mi

sueño más preciado.

Estuve ahí con ellos, con aquellos tamborileros que yo veía pasar por años. Pude desfilar a su lado, con mis manos y brazos encintados para no desangrarme, sintiendo el olor "aMar" bordeando el Río de la Plata, mientras tocaba mi tambor y latíamos todos juntos.

Esas 14 cuadras sin parar, fueron para mi el primer y único desfile, mi procesión final y mi felicidad.

- **Aprender a sobrevivir, eso fue lo que nos enseñaron siempre.**

Ahora es momento de despertar y aprender a vivir.

Que nada te quede pendiente. -

Capítulo 2

La vida es una celebración

La celebración es un estado del alma.

Existen maravillosas culturas alrededor del mundo que nos envuelven y nos atrapan. Bailan, cantan, tocan sus tambores y comparten sus músicas con todos nosotros.

Son culturas llenas de sabiduría que nos abrazan y hacen que todo sea más bonito. Ellas son puras celebradoras de la vida.

La gratitud y la celebración nos generan una sensación de paz y alegría instantánea. Lo importante es la intención con que lo hagas, siéntelo en tu alma.

Celebra cuando algo comienza, celebra esa oportunidad nueva que te llega, porque tu la has atraído en sincronicidad perfecta.

Si logras algo y no lo celebras, es como si lo logrado no tuviera alma ni valor.

Celebra a los cuatro vientos o en silencio para ti mismo, da igual, pero celebra.

Celebra tus nuevos sueños y desafíos.

Celebra el valor de estar vivo.

Celebra y agradece todo, siente ser libre.

En estado de celebración te convertirás en un imán de atracción de todo lo bueno para tu vida y tu entorno.

Transmitiendo tu alegría de vivir, estarás brillando,

eso se ve y se siente, **el mundo te lo agradecerá.**

Capítulo 3

El refugio del corazón

Existe un refugio interior muy dentro de nosotros que, en alguna instancia de nuestras vidas, lo descubrimos.

En él estamos a salvo, nos hacemos fuertes.

Cada uno lo descubre a su manera, en el momento correcto y en la forma que debe ser.

"Quien mira hacia afuera, duerme y quien mira hacia adentro, despierta" Carl Jung

El refugio es una fuente de gran energía. Está ahí para beber cuando más lo precisás, y también está a disposición para ayudarte a descansar, para hacer una pausa en el camino y encontrar tu equilibrio.

Siempre suceden cosas significativas y movilizadoras antes de hacer ese clic que lleva al despertar. Pero es recién cuando dejamos de sentirnos víctimas de esas circunstancias y decidimos actuar, el camino se despeja y se abre plenamente a nuestra disposición.

Es un lugar calmo y cálido, hecho a tu medida, donde puedes dejar tus armas afuera.

Es donde al entrar puedes verte pesado y denso, pero al salir, luego de limpiarte y despejarte, vuelves a encenderte.

Si en algún momento te pierdes por los caminos de la vida, sean cuales sean las tormentas que pasen a tu alrededor, recuerda que ahí te espera el refugio.

En él nada se altera, siempre, siempre, estarás sano y a salvo.

Capítulo 4

Sigue tu propia partitura

En la música tenemos partituras que debemos seguir.

Nosotros no las creamos, pero igual decidimos por varias razones, que vamos a tocarla y nos comprometemos a seguirla.

TU ERES el que elige la orquesta a la cual integrarte, tu eliges el instrumento que vas a ejecutar, tu eliges con qué músico rodearte y tocar.

Sentirte cómodo en el espacio y en la interacción, es clave para tu bienestar personal y el éxito de todo el equipo.

Aún si no fuiste el creador de esa obra, lo importante es que seas tú, que la interpretes desde tu ser auténtico y particular, mostrándote tal cual eres, que sabe que está aquí para dar tu mejor versión y dejar algo al mundo.

En la vida somos parte de múltiples obras. En algunas somos los actores principales y nos toca conducir. En otras tenemos papeles diferentes y de orden secundario.

Saber y reconocer los diferentes escenarios y momentos de actuación nos aporta calma y temple.

Aceptar que aunque seas líder, no siempre tienes que vibrar como un número 1, también puedes mostrarte y vibrar maravillosamente como un número 2, también ser un excelente complementario número 3 o un perfecto y positivo 4.

Dejarse guiar, inspirar, sorprender y motivar por otros, y no desgastarse, es una sabiduría práctica muy valiosa que nos ahorra enorme cantidad de energía.

En el mundo de la música, compartiendo en un escenario con otros músicos, tú confías en ellos y ellos en ti, en que no te juzgan mal, te apoyan y así tu puedes tocar más libremente. En un ambiente de confianza puedes dar lo mejor de ti.

LA VIDA ES PURA MÚSICA, sigue tu propia partitura con alegría, contagia, crece, perfecciona día a día y permite que tu espíritu aflore.

Da lo mejor de ti, que eso regresa siempre multiplicado, pero no renuncies a tu ser libre por complacer otras melodías.

Capítulo 5

Somos Hijos de la Tierra

La Tierra es un ser vivo, vibra, late.Junto con la voz, el tambor es de los primeros instrumentos que tenemos para comunicarnos. La madera, el fuego para templar, la piel animal, nuestras manos.

La maestra pandemia nos reveló muchas enseñanzas sobre el valor de la Tierra y como ella nos cuida y protege siempre.

Cuando el pulso acelerado de pronto se paró, tuvimos tiempo suficiente para despertar y descubrir quienes somos en medio del vasto Universo.

Durante ese tiempo, la Tierra nos mostró que no precisa tanto de nosotros, como nosotros si de ella.

Vimos como la capa de ozono se cerraba sola en tan poco tiempo. Cómo los ciervos invadían las calles principales en ciudades de Canadá. Como las plantas y los árboles conquistaban el asfalto.

La Tierra nos mostró que por sí sola se puede sanar de todo el daño que le hacemos.

Mejor cuidense ustedes !!! parecía decirnos..

Existe y funciona una fuerza y voluntad superior que todo lo rige y de la que no estamos separados.

Aprendimos a valorar lo más importante para nuestra existencia, como el valor del mar, el contacto con la naturaleza, respirar aire fresco, caminar descalzos, la presencia de nuestros animales, correr libres, mirarnos a cara despejada, compartir encuentros, baile, música, abrazos.

Despertamos a una nueva consciencia universal de que todos somos Uno.

Hoy bien sabemos que lo que suceda allá, llegará acá.

Como las ondas de las piedras que yo tiro desde mi lago, seguro que en algún momento, llegarán a la orilla de tu lago.

Capítulo 6

Nuestra mejor dosis

Lo recuerdo bien. Todo comenzó el viernes 13 de marzo de 2020, la escuela de percusión se paró.

No sabíamos que hacer, como le pasó al mundo que quedó vulnerable, las emociones en ese momento fueron de desolación e incertidumbre total.

Y todo recién empezaba.
No teníamos idea que iban a ser casi 3 meses de encierro sin vernos, ¿cómo continuar dando las clases de tambor?

Nos conectamos por primera vez en una plataforma virtual que pocos conocíamos, y desde ahí comenzamos a hacer las clases grupales.

El tambor es la habilidad de escuchar y poder interactuar, hacer pausa, dialogar, responder.

Intentar hacerlo "virtualmente" con 40 alumnos, aún divididos en grupos más pequeños y poder conectarnos, fue un enorme desafío.

Buscamos soluciones, porque cuando el alma siente que hay algo que realmente le hace bien, hacemos todo para que eso sea posible.

Momentos maravillosos fueron apareciendo en cada clase en medio de aquel encierro, cada uno desde su "choza" mandaba señales, **acá estoy!!!!**

Aparecían con una copa de vino, otros con una vela o inciensos prendidos, cada encuentro era toda una celebración.

Muchos eran médicos que trabajaban en la primera línea contra el covid y el tambor fue un verdadero refugio, un medio de conexión donde limpiar el estrés y renovar energías.

Y así fuimos aprendiendo muchas cosas, a utilizar una nueva forma de comunicación que cambiaría la manera de relacionarnos en el mundo.

Y lo más importante, el tambor nos confirmó todo lo que suponíamos, el valor que tiene para nosotros, nos ayudó a sobrevivir, a mantenernos fuertes y alegres.

Cuando finalmente pasaron los tres meses, nos encontramos en un salón y volvimos a compartir esa energía guardada y todo fue una verdadera explosión de felicidad.

La pandemia fue una gran maestra, cada uno mantuvo su fuego interior encendido y, **los que pudimos aprovecharla, ya no volveríamos a ser los mismos.**

Capítulo 7

Tambor Mindfulness

En la meditación mindfulness nuestro foco está en la respiración, en la música del tambor, nuestro foco está en escuchar.

Es **"un estado"** para poder conectar, sintiendo internamente tu ritmo.

Es un proceso cuasi meditativo, donde los sonidos se convierten en repeticiones como si fueran mantras, creas tu burbuja donde todo fluye armoniosamente.

Aprendes a escuchar, a **sentir tu energía** y la atención plena va a tus oídos y a tus manos, guiados por el pulso.

Si buscamos el ritmo afuera de nosotros, nunca lo encontraremos.
Si buscamos nuestra llave de felicidad y de armonía fuera de nosotros tampoco la hallaremos.

Se trata de ir de adentro hacia afuera, de tu caos a tu armonía. Estando en atención plena podés conectar mejor con tu ser y por más tiempo. Te sentirás más fuerte y empoderado, y atraes mejores personas y relaciones a tu alrededor.

Encuentra un lugar tranquilo donde nadie te interrumpa y moleste.
Puedes estar frente al mar, abajo de un árbol o en tu propio cuarto. La conexión no es del lugar, sino interna.

Cierra tus ojos, toma un respiro y llénate de energía.

Deja tu mano encima del tambor y empieza a sentir como la piel de ese animal va transmitiendo su calor.

Mueve lentamente tus dedos y descubre los sonidos que te transporten, se consciente de ellos.

Juega libremente, deja salir lo que sientes, conecta con él tambor como un amigo y un aliado.

Capítulo 8

Los niños maestros

Un sol de verano entra por la ventana iluminando todo el local lleno de tambores.

Hoy es un hermoso día de verano en Montevideo, nos preparamos para los ensayos de carnaval.

Dejamos un tambor en la vereda, sobre la calle, para ver a aquel que pase y quiera tocarlo.
Todos se acercan de alguna manera y podemos ver las diferentes reacciones. Las personas mayores se acercan sigilosamente y con vergüenza, tocan rápido, apenas lo acarician, relojean por la ventana a ver si alguien los mira y rápidamente se van.

Por allá un niño viene corriendo y desata un verdadero tsunami en toda la cuadra.

Abraza el tambor y éste, como si fuera una mascota, se deja acariciar y responde inmediatamente llenándose de sonidos.

En pocos minutos un enjambre de niños llena la calle y sus manos cubren todo el tambor.

Ya no queda ningún espacio donde tocar, juegan libres, alegres y en hermosa complicidad, sin competencia alguna, muestran la música del alma en su máxima expresión.

Cuántos adultos mantenemos ese niño vivo y despierto?

Cuanto hay de reprimido? ¿Cuánto temor tenemos de expresarnos y ser libres? ¿Cuántas limitaciones nos ponemos?

Ellos, los Niños Maestros, nos recuerdan siempre la esencia de todo, la naturaleza más simple y perfecta.

Capítulo 9

La separación de las razas

A través de su sonido un mundo gira a su alrededor.
El tambor es un creador y transmisor de historias de vida, es una manera de sentir y de vivir, crea vínculos muy fuertes de conexión como comunidad.

El tambor va más allá de un simple instrumento musical, es un símbolo de tradiciones, transmitido por generaciones, es pura energía y espiritualidad.

No es propiedad, ni se puede excluir.
Es lindo y a la vez necesario, reconocer los diferentes aportes de cada cultura y cada raza, pero saber que somos la raza de los 5 dedos, recordemos, todos somos Uno.

Una vez escuché decir " el tambor es mío y de mi gente"
Yo por esa época no andaba muy despierto y creía que era
así.
Esa frase me quedó sonando, pero con el tiempo y
compartiendo con tanta gente que ama el tambor, fui
entendiendo todo desde una dimensión diferente.

Debe haber un acuerdo entre las razas más allá del color de
piel y de donde vengas.
Es sagrado que compartas con otros eso que te identifica,
sientes y amas. Y por otro lado, el que lo recibe, debe
respetarlo, difundirlo y abrazarlo desde su matriz original,
para que siga creciendo desde su origen, no muera y siga
expandiéndose en el tiempo.

**La diversidad no es separación, sino un acuerdo de
respeto mutuo, complementación y contribución a la
riqueza y belleza del mundo.**

Capítulo 10

El pulso

Cuando nos tomamos el pulso en nuestra muñeca, sentimos que la vida misma late independientemente de nosotros.

Cómo está latiendo ese gran tambor interior que tenemos, dice mucho de cómo nos sentimos, el tipo de pensamientos y emociones se reflejan automáticamente en nuestra frecuencia cardíaca.

En los círculos de tambores que yo realizo para organizaciones y empresas, he tenido la posibilidad de reunir a 200 tambores todos juntos tocando y al mismo tiempo, con la finalidad de compartir y crear ritmos sin previa experiencia musical .

¿Cómo es posible lograrlo?
El desafío es crear conexión entre los participantes en una dinámica dónde se mueve mucha energía.

Cada persona pone lo suyo, vibrando a una frecuencia determinada. Así pasa a diario en cualquier ámbito, sea en el trabajo, en un equipo de fútbol o en la escuela.
Cada persona procesa la sorpresa, el estrés, la calma, la ansiedad, la frustración, la vergüenza de manera diferente. Saber manejar esas energías, es lo que un coach hace, intentar armonizarlas.

Nunca hay fracaso, siempre funciona, cuando todos se alinean a un mismo pulso y sintonizan en la misma frecuencia.

Recuerda que todos somos Uno, sea en el ámbito que sea.
Si por un instante, el equipo mira en una misma dirección y se enfoca con la misma intención, el portal se abre.

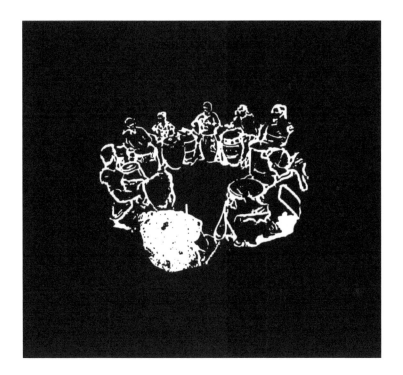

Capítulo 11

La música de tu alma

Si lo sientes, el tambor hablará por vos.
En la vida igual, deja que se exprese la música de tu alma, el sentir de tu corazón.

Lo que plantaste ayer con tu esfuerzo y dedicación, se manifiesta hoy plenamente en todos los ámbitos de tu vida.

Tus decisiones de hoy te harán libre o esclavo mañana, te acercarán o te alejarán de tus sueños.

Domina tu vida como si fueras a hacerlo al aprender un instrumento, usa estos 4 elementos: Pasión, Perseverancia, Paciencia y Práctica.

Pasión, es amor a lo que hagas, a lo que decidiste libremente hacer, no por mandato de la sociedad, ni familiar, ni lo que se espera de ti. Pasión es amar lo que haces, tómate un tiempo si necesitas descubrirlo, porque esto es lo primero y más importante.

Perseverancia, es acá donde la mayoría abandona, porque tienes que mantener tus hábitos y ser disciplinado. Ser perseverante es una relación íntima contigo mismo.

Paciencia, para cuando quieras resultados inmediatos y te desmotives.

Práctica, para que te enfoques y disfrutes el camino.

Vibrar alto no es algo de la noche a la mañana, es el despertar que tiene que ir acompañado de una acción constante lo que te traerá resultados.

¿ Y hasta cuándo? siempre!!
No te cepillas los dientes solo una vez para cuidarlos, sino todos los días.
Tus hábitos harán la diferencia, no son los inteligentes los que llegan sino los perseverantes.

Cuando trabajas así en ti mismo, ni cuenta te vas a dar que ya tu música está sonando alto y con éxito, maravillando al mundo con tus melodías.

Mi Despertar con el Tambor: Historias de Ser Libres

Capítulo 12

Y el guerrero aparece

El verdadero guerrero de hoy aparece para ser protagonista de su vida y no desaprovecharla.

Él es la energía transmutadora, la que transforma las dificultades en oportunidades.

El verdadero guerrero sigue su propia partitura, es el creador y su director.
Sabe vivir intensamente su obra, de corazón abierto, entregado, aquí y ahora.

No todos se van a alegrar de su éxito y eso le duele al principio, pero el guerrero no se detiene nunca, digan lo que digan, hagan lo que hagan, él continúa templando su tambor en el fuego de la vida, haciéndolo sonar cada vez mejor.

Es más fuerte que su entorno, experto en su intuición, percibe en silencio y sabe rodearse de las mejores cinco personas que van a determinar de alguna manera la senda de su éxito o fracaso.

Se aleja a tiempo cuando algo no le conviene o siente que comienzan a drenar su energía.

El verdadero guerrero sabe cortar lazos sin temor.

Están los que miran a otros para ver qué hacen.
El guerrero en cambio se mira a sí mismo y brilla cada día.

Mientras el cómodo se entretiene y el débil se queja culpando a otros, el guerrero va abriendo su propio camino con su machete, día tras día, callado, cumpliendo sus sueños.

El verdadero guerrero es inmensamente libre y se mantiene fiel a sí mismo, porque se sabe creador y generador de abundancia alrededor suyo.
Si tu guerrero aparece, déjalo salir!!!, es una bendición.

Capítulo 13

El maravilloso camino al despertar

Y al final del viaje, estaremos deseando que todo se haya vivido como soñábamos, agradecidos y en paz, porque eso es lo que somos, viajeros, viajeros de luz.

Venir a vivir experiencias, disfrutar, agradecer, crecer, expandirnos más y más, y luego irnos quizás más fuertes y luminosos que antes.

Observando en primavera a la enredadera trepadora que cubre todo el muro de mi casa, pude sentir un mensaje que me transmitía:

"Atravesé el invierno sin hojas, como si estuviera seca y sin vida, todos creían que estaba muerta, pero fue mi tiempo de silencio, solo eso... de silencio".

Como esa enredadera hay que aceptar las pausas en el camino y saber adaptarse a las diferentes estaciones.
Nunca vas a perder tu fuerza y tu poder de renacer.
Mantente abierto a recibir toda la energía de vida que llega desde la Fuente misma.

Si hay algo que sientes que no te da energía ni te empodera, pregúntate: ¿Este camino me sirve? ¿tiene corazón? o ¿es hora de cambiar?

La magia está en nosotros y es el miedo el único que puede empañar nuestro camino de ser libres y arruinarlo todo.

Vive para enriquecer tu vida, la vida de los que amas y de los que te aman recíprocamente.

Solo enfócate en ser tu mejor versión, dar tu mejor energía, poner todo tu entusiasmo, que la magia hará el resto por vos.

Si estás enamorado de lo que haces, eres un imán y eso que haces se enamorará de ti y te abrazará.
Que las tormentas vayan, vengan y pasen. Aprovéchalas para lanzarte más lejos.

Aunque pases los peores momentos y creas no poder soportarlos, aunque sientas que todo se termina y no hay mas nada, deja que pase ese instante, luego frotate bien fuerte las manos y di en voz alta:

Estoy listo para recibir lo que viene a mi !!
Confía!!
porque siempre, siempre, lo más maravilloso está por venir.

Aparecerán las oportunidades nuevas, las personas indicadas, los momentos de abundancia, la vida infinita e interminable, y el puzzle perfecto se sincronizará.

Conviértete en tu propio mentor y mejor amigo.

Lleva una vida en equilibrio, crea resultados nuevos y emocionantes cada día.

Las personas exitosas son aquellas que viven con libertad, que viven plenamente, sin mandamientos ni etiquetas y su autenticidad e independencia no está en juego.

No dejes de brillar!!! No pares de reír!!!

Pero sobre todo, no pierdas tu Alegría!!

Por último, dime, ¿qué eliges?:

¿Raíces o Alas??

Fernando Gómez Germano - https://fernandogomez.uy/

"No sé cuál es la fórmula para estar así de bien a mis 80 años, yo estoy distraído con la música.
Entre todas las cosas del día también meto lo que puedo al estudio" Hugo Fattoruso, 2023.

Fernando Gómez Germano - https://fernandogomez.uy/

26 de Agosto de 2023

Printed in Poland
by Amazon Fulfillment
Poland Sp. z o.o., Wrocław

25234788R00037